Cordula Janusch

Herbst und Erntedank

mit Kindern erleben

Geschichten und Kreativideen

Lahn-Verlag
Verlag Junge Gemeinde

Inhalt

Bedeutung der Symbole

- Geschichte/Text
- Aus der Bibel
- Kurzinfo
- Anregung/Gesprächsimpuls
- Traumreise
- Mitmachidee
- Kreatividee
- Lied
- Kochen und backen
- Gebet

Vorwort

Der Herbst ist da! Buntes Laub, Drachenwind, Früchte und Gemüse in Fülle – wir freuen uns auf diese besondere Jahreszeit mit ihrem Farbenfeuerwerk. Dieses Praxisbuch bietet in vier Kapiteln eine reiche Auswahl an Ideen, die Herbstzeit zu gestalten.

- ✔ Kastanien, Eicheln, bunte Blätter und Tannenzapfen laden zum Spielen, Basteln und Erkunden ein.
- ✔ Herbstzeit ist Erntezeit. Jede Menge Aktivitäten rund um unser Obst und Gemüse möchten uns die Vielfalt der Schöpfung zeigen.
- ✔ Jetzt bereiten sich die heimischen Tiere auf den bevorstehenden Winter vor. Wir Menschen können ihnen helfen und dabei viel Interessantes erfahren.
- ✔ Kindgerechte Informationen, pfiffige Ideen und Geschichten zu Festen und besonderen Tagen ergänzen den Streifzug durch die bunte Jahreszeit.

Alle Einheiten sind in der Praxis sofort einsetzbar und mit einfachen Mitteln zu gestalten. Eine spannende und erlebnisreiche Entdeckungsreise durch den Herbst ist versprochen.

CORDULA JANUSCH

Der Herbst zaubert bunte Schätze

Der Herbst ist da

Alle sitzen im Kreis. In der Mitte liegen gesammelte Herbstschätze; eine Kerze brennt. Die Leiterin / der Leiter spricht:

Ich möchte euch zu einem Herbstspaziergang einladen.
Wir streifen durch den Wald.
Das Laub raschelt unter unseren Füßen.
Es leuchtet in allen Farben:
Rot, Gelb, Orange.
Die milde Herbstsonne glitzert durch die Äste der Bäume.
Feine, silbrige Fäden fliegen durch die Luft.
Kleine Spinnen lassen sich daran vom Wind davontragen.

Wir atmen tief ein.
Es riecht nach Pilzen und feuchter Erde.
Was huscht da von Ast zu Ast?
Ein roter buschiger Schwanz verrät es uns:
Das Eichhörnchen sammelt fleißig Nüsse als Vorrat für den Winter.
Dort streift ein Igel durchs Laub, er möchte sich ein Bett bauen.
Auch wir suchen nach Tannenzapfen, Kastanien und Eicheln,
die schönsten bunten Blätter wandern in unsere Taschen.

Nun liegen diese Herbstschätze in unserer Mitte.
Damit wollen wir spielen und basteln.
So bleibt ein Stückchen Herbst den ganzen Winter lang in unserem Zimmer.

HERBSTANFANG

Am 23. September beginnt der Herbst. Oft ist es dann noch ganz warm und freundlich. Altweibersommer oder goldener Herbst heißt es dann. An diesem Tag sind Tag und Nacht gleich lang, genauso wie beim Frühlingsanfang am 20. März. Nun werden die Tage kürzer, abends wird es immer früher dunkel. Am letzten Sonntag im Oktober wird die Uhr eine Stunde zurückgestellt: Die „Winterzeit“ beginnt und wir dürfen eine Stunde länger schlafen.

Spiele im Freien

Kastanien in den Korb

Alle Mitspieler stellen sich im Kreis auf. In der Kreismitte steht ein großer Korb. Jeder Mitspieler erhält drei Kastanien. Reihum versuchen alle, eine Kastanie in den Korb zu werfen. Bei jedem geglückten Wurf tritt der Werfer einen Schritt zurück, sodass sich der Abstand vergrößert. Wer zuerst alle Kastanien in den Korb geworfen hat, ist Kastanienkönig.

Blätter tragen

Eine breite Rennstrecke abstecken. Jedes Kind erhält einen flachen (Papp-)Teller mit einer bestimmten Anzahl trockener Blätter. Die müssen nun sehr vorsichtig vom Startpunkt bis hin zur Zielgeraden transportiert werden. Gewonnen hat der Mitspieler, der dies schnell und ohne „Blattverlust“ geschafft hat.

Kürbisslalom

Mit Kürbissen und/oder Strohballen eine Slalomstrecke legen. Die Kinder umrunden die Hindernisse oder springen darüber.

Weiterführende Ideen:

- ✔ Zwei gleiche Slalomstrecken legen. Die Mitspieler bilden zwei Mannschaften. Auf ein Startzeichen läuft der jeweils erste Spieler los. Ist er am Ende der Slalomstrecke angelangt, startet der nächste. Gewonnen hat die Mannschaft, die zuerst komplett am Ziel angekommen ist.
- ✔ Ausgangspunkt sind wiederum zwei gleiche Slalomstrecken. Die Kinder gehen als Paare an den Start und durchlaufen die Strecke als „Schubkarrenteam“: Ein Kind läuft auf den Händen und wird an den Beinen von dem anderen „geschoben“.
- ✔ Das Schubkarrenrennen ist ein prima Wettspiel beim Herbstfest mit Eltern und Kindern. Das Kind sitzt in einer richtigen Schubkarre, mit der Papa oder Mama tollkühn um die Hindernisse flitzen.

Der Herbst ist da

2. Der Herbst, der Herbst,
der Herbst ist da!
Er bringt uns Obst, hei hussassa!
Macht die Blätter bunter,
wirft die Äpfel runter.
Heia hussassa, der Herbst ist da!

3. Der Herbst, der Herbst,
der Herbst ist da!
Er bringt uns Wein, hei hussassa!
Nüsse auf den Teller,
Birnen in den Keller.
Heia hussassa, der Herbst ist da!

4. Der Herbst, der Herbst,
der Herbst ist da!
Er bringt uns Spaß, hei hussassa!
Rüttelt an den Zweigen,
lässt die Drachen steigen.
Heia hussassa, der Herbst ist da!

VOLKSLIED

Naturmandala

Einen großen Kreis mit Kreide aufzeichnen und das Mandala von der Mitte nach außen mit den Naturmaterialien gestalten. Wer das Mandala im Haus legen möchte, deckt den Boden mit Packpapier ab.

Tipp: Wenn das Mandala fertig ist, eine dicke Kerze in die Mitte stellen und anzünden.

Der Baum

Linus geht mit seinen Eltern und seinem großen Bruder Benedikt spazieren. Sie kommen an Wiesen mit vielen Bäumen vorbei. Menschen steigen mit ihren Leitern hinein und sammeln Früchte in Körbe.
„Sieh mal, Mama, die vielen Bäume, die da sind, und die Leute alle!"
„Die ernten, du Dummkopf", meint Benedikt.
„Was ernten die denn?", fragt Linus weiter.
Papa nimmt ihn bei der Hand: „Komm, wir schauen einmal nach!"
„Braucht ihr nicht", meint Benedikt, „sind doch eh alles die gleichen Bäume!" Aber Papa geht mit Linus los. Von einem Baum zum anderen. Sie sprechen mit den Leuten und sie bekommen manchmal etwas geschenkt. Papa und Linus sammeln alles in einem Korb. Als sie zurück sind, zeigt Linus seine Schätze. Da sind ein gelb-roter, glänzender Apfel, eine gelbe Birne, rote Kirschen und sogar ein Pfirsich. „Sieh mal, was deine gleichen Bäume alles hervorbringen!", sagt Papa zu Benedikt.
„Komisch", findet der. „Sie stehen doch alle hier auf dem gleichen Boden. Sie haben dieselbe Luft, dieselbe Sonne und denselben Regen. Trotzdem macht der Apfelbaum Äpfel, der Birnbaum macht Birnen, der Kirschbaum Kirschen und der Pfirsichbaum Pfirsiche! Und alle Früchte sehen völlig unterschiedlich aus und schmecken auch ganz verschieden!"
„Die meisten Menschen sagen: Das ist ganz normal", meint Mama. „Aber ich glaube, es ist ein ganz großes Wunder!"

ELSBETH BIHLER

Blätter und Co.

Farbenkreis

Manche Bäume erscheinen im Herbst wie ein Farbenfeuerwerk. Die Blattkrone ist gleichzeitig dunkelgrün, zitronengelb, feuerrot, orange und rostbraun gefärbt. Besonders gut ist dies beim Ahornbaum oder Essigbaum zu beobachten. Diese Vielfalt kann man schön deutlich machen: Die verschiedenfarbigen Blätter pressen und damit einen Farbenkreis mit möglichst vielen Farbabstufungen legen.

Anregung: Eine Farbskala mit den Tönen einer Farbe legen, z. B. von Gelb zu Orange oder von Grün zu Braun.

Druckfrische Blätter

Verschiedene Blätter auf der Unterseite mit Wasserfarben oder Fingerfarben bestreichen und mit der Farbseite auf ein weißes Papier legen. Eine dicke Zeitung darüberlegen und andrücken. Dann die Zeitung und das Blatt oder die Blätter vorsichtig abheben. Besonders schön wirken die gedruckten Blätter, wenn herbstliche Farben verwendet werden. Der Blattdruck eignet sich gut für eine Gemeinschaftsarbeit. Dazu einen großen Baumstamm und weit verzweigtes Astwerk aufmalen. Alle Kinder drucken ihre Blätter hinein.

Blättermännchen/Blättertiere

Aus den gepressten bunten Herbstblättern verschiedener Bäume lassen sich originelle Figuren oder Tiere gestalten. Die Blätter auf einem weißen oder auch farbigen Blatt (DIN A4 oder DIN A3) anordnen, dann aufkleben. Mit Filzstiften oder Buntstiften etwas „Zubehör" ergänzen.

Ideensammlung:

- ✔ Die runden Blätter einer Buche oder Pappel ergeben hintereinandergelegt eine Raupe. Mit Filzstift zwei Fühler anmalen.
- ✔ Aus einem einzelnen Buchenblatt wird flugs ein Igel. Beinchen und Schnäuzchen ergänzen.
- ✔ Längliche Blätter lassen sich gut zu einem Stern legen.
- ✔ Viele kleine Blätter ergeben eine Löwenmähne.

Fensterbilder

Butterbrotpapier oder Architektenpapier auf die gewünschte Bildgröße zuschneiden und aus Tonpapier ein passendes Passepartout fertigen. Das transparente Papier mit bunten Blättern bekleben und in das Passepartout einsetzen. Oftmals ist es schon effektvoll, nur wenige, besonders schön gefärbte Blätter und auch Gräser zu verwenden. Scheint die Sonne durch das Fenster, ist die Herbststimmung perfekt.

Tischlaternen

Auf die gleiche Weise lassen sich Tischlaternen gestalten. Dazu einen breiten Streifen festes Architektenpapier mit Blättern und Gräsern bekleben und zu einem Ring zusammenfügen. In die Mitte ein kleines (elektrisches) Teelicht stellen.

Tipp: Statt das Architektenpapier zu bekleben, können auch gut leere Gurken- oder Marmeladengläser mit den Blättern verziert werden. Dazu kann angerührter Kleister verwendet werden.

Herbsträtsel

Ein Igel saß auf einem Blatt,
das wie die Hand fünf Finger hat,
auf einem Baum.
Du glaubst es kaum!

Der grüne Igel, stachelspitz,
fiel auf den Kopf dem kleinen Fritz,
von seiner Mütze
in die Pfütze.

Da war es mit dem Igel aus.
Er platzte und was sprang heraus
mit einem Hops?
Ein brauner Mops!

HERMANN SIEGMANN

KASTANIENBAUM

Kastanienbäume sind wahre Giganten. Sie werden bis zu 25 Meter groß und können bis zu 1000 (!) Jahre alt werden. Sie haben eine außergewöhnliche Blattform und schenken Menschen und Tieren im Herbst Nahrung: Die Edelkastanien (Esskastanien) schmecken uns als Maroni frisch geröstet. Den Tieren schmeckt die Rosskastanie.

Kastanien und Co.

Kastanienlicht

Eine kleine, aber wirkungsvolle Tischdekoration: In ein Tongefäß oder einen Tonblumentopf 2–3 verschiedenfarbige Haushaltskerzen stellen, die mit Wachsplättchen oder Wachstropfen festgemacht werden. Den Topf mit Kastanien auffüllen. Die Kerzenflammen lassen die blanken Früchte glänzen.

Lichterkränze

Kastanien und Lampionfrüchte abwechselnd auf einen dünnen Blumendraht fädeln. Einen Ring biegen und die Drahtenden zusammendrehen. Nun ein Teelicht oder ein kleines Windlicht in die Mitte stellen.

Anregung: Kastanien und große, bunte Holzperlen auf einen stärkeren Draht fädeln und zu einem großen Türkranz drehen. Ein schönes Schleifenband als Aufhänger einsetzen und ein paar Schleifen zwischen die Kastanien binden.

Spiele

Kastanien würfeln

Pro Mitspieler liegen 8–10 Kastanien (Eicheln) in der Tischmitte. Gewürfelt wird reihum. So viel Augen der Würfel zeigt, so viel Kastanien dürfen aus der Mitte genommen werden. Sieger ist der Mitspieler, der mit dem letzten Wurf die genaue Anzahl der verbliebenen Kastanien erwürfelt hat. Zweiter Sieger ist der Mitspieler, der die meisten Kastanien erbeutet hat.

Memory ohne Karten

Für ein ganz besonderes Memoryspiel werden von den verschiedensten Naturmaterialien je zwei Exemplare benötigt (zwei Kastanien, zwei Eicheln, zwei Ahornsamen, zwei Kiesel usw.). Die werden auf dem Tisch gut gemischt und mit Joghurtbechern, z.B. von Fruchtzwergen, oder Klopapierrollen abgedeckt. Nun heben die Mitspieler reihum je zwei Joghurtbecher ab. Befinden sich darunter verschiedene Dinge, müssen die Becher wieder aufgelegt werden. Die Positionen gut merken! Sind die aufgedeckten Gegenstände gleich, dürfen sie weggenommen werden. Der Mitspieler darf wiederum zwei Becher aufheben. Gewonnen hat natürlich derjenige, der die meisten „Pärchen“ aufgedeckt hat.

Was der Wind alles kann

Eine Naturkraft spüren wir im Herbst ganz besonders – den Wind. Er kann Erfreuliches und Nutzbringendes zuwege bringen, leider ebenso kleinen und großen Schaden anrichten. Was der Wind alles kann oder auch anstellt, tragen zwei Gruppen in einem Quiz zusammen:

Der Wind kann:

- ✔ mit den Blättern spielen
- ✔ Drachen steigen lassen
- ✔ aus Wolken lustige Figuren formen
- ✔ Wäsche trocknen
- ✔ Segelschiffe in Fahrt bringen
- ✔ Segelfliegern Auftrieb geben
- ✔ Obst von den Bäumen schütteln
- ✔ Windmühlen in Bewegung setzen
- ✔ Windräder antreiben, die Strom erzeugen
- ✔ Blüten bestäuben

Der Wind kann ebenso:

- ✔ an Rollläden und Fenstern klappern und uns nicht schlafen lassen
- ✔ Dachpfannen herunterfegen
- ✔ Regenschirme umbiegen
- ✔ Blumentöpfe von der Fensterbank kippen
- ✔ Bäume umknicken
- ✔ Schiffe in Seenot bringen

Der Drachenbrief

Im Herbst hatte Papa mit Tini und Mario einen großen Drachen gebaut. Auf dem Feld ließen sie ihn steigen. Es war ein wunderschöner Drachen. Er lachte lustig und hatte einen langen Schwanz. Die Leute, die vorüberkamen, blieben stehen und schauten in die Luft. Der Drachen stand ganz hoch am Himmel. Sein bunter Schwanz flatterte im Wind.
„Wollen wir ihm einen Brief hinaufschicken?“, fragte Papa.
Mario fand in seiner Hosentasche ein Stück Papier.
Papa drückte mit dem Daumen mitten in das Papier ein Loch hinein und sagte: „Wir stecken den Brief auf das Drachenseil. Passt auf, dann steigt er von selbst zu ihm hinauf.“
Die Kinder wollten es nicht glauben.
Doch Papa sagte sicher: „Das haben wir früher auch immer so gemacht. Früher, als ich so alt war wie ihr!“
„Dann will ich dem Drachen aber auch einen Gruß schreiben!“, rief Tini und suchte nach einem Kugelschreiber in ihrer Jacke. Mario musste sich bücken. Tini legte das Stück Papier auf seinen Rücken und schrieb:

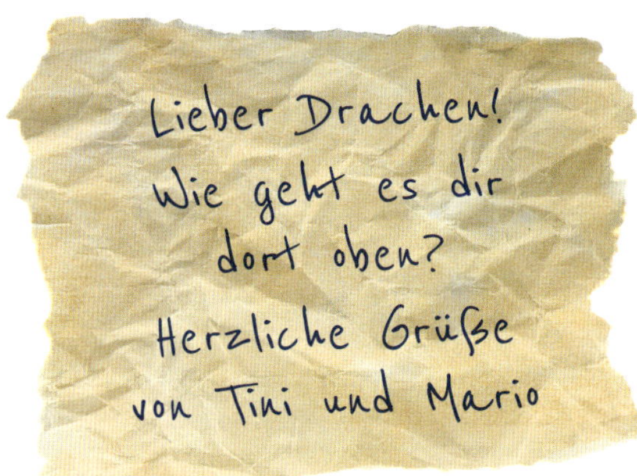
Lieber Drachen!
Wie geht es dir
dort oben?
Herzliche Grüße
von Tini und Mario

Sie gab Papa den Brief. Er steckte ihn auf das Drachenseil. Und wirklich! Ganz langsam stieg der Brief an dem Seil nach oben, immer höher und höher. Der Brief wurde immer kleiner. Fast war er nicht mehr zu sehen. „Jetzt wird unser Drachen den Brief lesen“, sagte Papa und lachte. Aber dann geschah etwas Seltsames. Mario entdeckte es zuerst: Der Brief kam langsam wieder am Drachenseil herunter.
„Das gibt es doch nicht!“, rief Papa erstaunt.
Jetzt war der Brief schon ganz nah. Mario griff nach ihm. Ja, es war der Brief, den die Kinder hinaufgeschickt hatten. Aber auf der Rückseite des Papiers stand:

Liebe Tini, lieber Mario!
Mir geht es gut
hier oben!
Herzliche Grüße
von eurem Drachen

„Das gibt es doch nicht!“, rief Papa und kratzte sich am Kopf. Er schaute misstrauisch zu dem Drachen hinauf. Doch der stand ganz ruhig hoch am Himmel. Sein bunter Schwanz flatterte im Wind.

ROLF KRENZER

Herbstgedanken

Guter Gott, es ist Herbst.
Ganz golden scheint die Sonne.
Das Laub leuchtet in allen Farben.
Endlich sind die Pflaumen und Birnen reif,
die schmecken uns gut.

Guter Gott, es ist Herbst.
Dunkle Wolken jagen über den Himmel.
Es stürmt und es regnet.
Mit meinen Gummistiefeln springe ich in jede Pfütze.
Fast fegt mir der Wind die Mütze vom Kopf.

Der Herbst ist warm und freundlich.
Der Herbst ist nass und regengrau.
Jeden Tag ist er anders.
Jeden Tag macht er Spaß.
Danke für den Herbst, guter Gott.

Wir danken für die Ernte

Erntedankfest

Am ersten Sonntag im Oktober feiern Christen das Erntedankfest. Die Arbeit auf den Feldern ist beendet: Obst, Gemüse und Getreide sind geerntet und in der Kirche ist ein schöner Erntedankaltar aufgebaut. Dort sehen wir all die guten Gaben: Äpfel und Birnen, Kürbisse und Gurken, Tomaten und Trauben, Nüsse und ein Brot, das aus Korn / Getreide gebacken wird. Oft stehen dort auch ein schöner Strauß Sonnenblumen und andere Herbstblumen.
Wir danken Gott für die unendliche Vielfalt, die er uns jeden Tag in seiner Schöpfung schenkt. Wir danken ihm für die Menschen, die täglich dafür sorgen, dass wir genug zu essen und zu trinken haben: die Bauern und Gärtner, die Metzger und Bäcker, die Winzer und viele andere. Wir danken Gott auch dafür, dass wir jeden Tag in einem weichen Bett schlafen dürfen, dass wir Eltern (Mama und Papa) und Großeltern (Oma und Opa) haben, dass wir täglich in den Kindergarten oder die Schule gehen können, dass wir schöne Sachen zum Spielen und Bücher zum Lernen haben. Alles, was wir haben, verdanken wir Gott!

Dankeschön

2. Du schenkst uns deine Gaben, dass wir zu essen haben.
Ja, alles kommt von dir. Drum danken wir dafür.

3. Du lässt den Regen fallen und hell die Sonne strahlen.
Ja, alles kommt von dir. Drum danken wir dafür.

4. Die Pflanzen auf den Feldern, die Bäume in den Wäldern.
Ja, alles kommt von dir. Drum danken wir dafür.

5. Du lässt die Vögel singen. Auch unser Lied soll klingen.
Ja, alles kommt von dir. Wir danken dir dafür.

TEXT: ROLF KRENZER | MELODIE: PETER JANSSENS

Guter Gott

du hast uns deine Welt geschenkt.
Mit vielen großen und kleinen wunderbaren Dingen.
Du füllst uns unsere offenen Hände,
dafür danken wir dir.
Lass uns nie das Staunen
über deine unendliche Schöpfung verlernen.

CARMEN GREMMELSPACHER

Herbstzeit – Erntezeit

Am 23. September beginnt der Herbst. Verschiedene Gemüse- und Obstsorten werden in dieser Jahreszeit geerntet. Dazu gehören Porree, Rosenkohl, späte Kartoffelsorten, Nüsse, Kürbisse und Wirsing und Rosenkohl. Grünkohl schmeckt erst dann am besten, wenn er kurz vor der Ernte einmal Frost abbekommen hat. Reif sind nun auch die Trauben. Aus ihnen wird Wein gemacht. Dazu presst der Weinbauer oder die Weinbäuerin die Früchte in einer Kelter und lagert den Saft in Fässern. Dort kann er gären und klar werden. Später genießen die Erwachsenen den funkelnden Wein.

Die Hochzeit zu Kana

Die folgende Bibelgeschichte kann als Erzähl- und Mitmachgeschichte gestaltet werden.

In der Mitte wird eine große runde Tischdecke oder ein Tuch ausgebreitet.

Wir laden die Kinder ein, sich im Kreis um unseren runden Tisch zu setzen. Jedes Kind bekommt jetzt eine Serviette, die es ausgebreitet vor sich auf das Tischtuch legt.

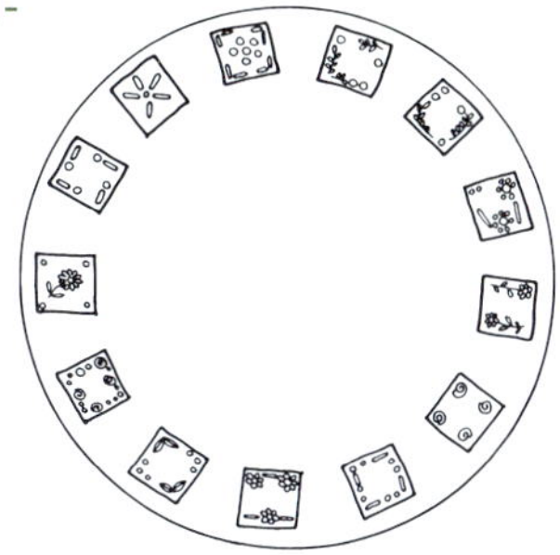

Die Serviette kann nun mit Legematerial wie Glassteinen, Kugeln, Stäbchen, Muscheln, Blumen u. a. verziert werden. Dazu spielt eine leise Musik im Hintergrund.

Jetzt haben wir einen festlich gedeckten, großen Tisch, wie bei einem ganz besonderen Fest, z. B. einem Hochzeitsfest. Wir alle sind dazu eingeladen. Es soll auch etwas Leckeres zum Trinken geben.

In die Mitte wird ein Krug mit Traubensaft gestellt. Dann wird die Geschichte von Jesus bei der Hochzeit zu Kana erzählt.

In einem kleinen Dorf, das Kana heißt, wird eine Hochzeit gefeiert. Viele Gäste sind eingeladen. Maria, die Mutter Jesu, ist bei den Gästen dabei. Auch Jesus ist zu dem großen Fest eingeladen.

Wir stellen eine brennende Kerze in die Mitte als Zeichen für die Anwesenheit Jesu.

Alle Gäste freuen sich über die Braut und den Bräutigam. Sie freuen sich, dass sie das Fest mitfeiern dürfen. Sie sind fröhlich, singen und lachen, essen und trinken Wein.

Doch plötzlich geht der Wein aus.
Es gibt nichts mehr zu trinken.
Alles ist leer.

Maria bemerkt es zuerst.
Ganz leise geht sie zu Jesus und flüstert ihm ins Ohr: „Jesus, sie haben keinen Wein mehr! Hilf ihnen doch." Jesus antwortet seiner Mutter: „Mutter, meine Stunde ist noch nicht gekommen." Maria geht zu den Dienern und sagt zu ihnen: „Tut das, was Jesus zu euch sagt."
Dann geht Jesus zu den Dienern und sagt zu ihnen: „Füllt die Krüge mit Wasser!" Er weist dabei auf sechs große Krüge, in die viele Liter passen. Die Diener gehorchen und füllen die Krüge bis zum Rand mit Wasser.

Die Kinder oder der/die Gottesdienstleiter/in füllen sechs Krüge mit Wasser oder stellen sechs bereits mit Wasser gefüllte Krüge in die Mitte.

Als alle Krüge voll sind, sagt Jesus zu einem der Diener: „Schenke dir aus dem Krug ein Glas ein und probiere es." Doch seltsam, in den Krügen war kein Wasser mehr. Es war Wein aus dem Wasser geworden und er schmeckte köstlich.
Niemand wusste, woher der Wein kam. Nur die Diener wussten, dass Jesus das Wasser zu Wein verwandelt hatte.

Das war das erste Mal, dass Jesus ein Wunder vollbrachte.
Damit wollte er den Menschen zeigen, wie sehr er sie liebte. Deshalb schenkte er ihnen Freude. Jesus will, dass wir miteinander feiern und unser Leben ein Fest wird. Jesus will, dass wir das Leben in Fülle haben.

Wir sind jetzt auch zu diesem Fest eingeladen. Wir trinken von dem Krug, denn jede und jeder gehört dazu.

Jeder/jede bekommt ein Glas und einige „Diener" schenken aus dem Krug mit Traubensaft ein. Man kann auch miteinander ein größeres Fest feiern. Jedes Kind bekommt dann z.B. einen Becher Saft und ein Stück Kuchen oder einen Apfel und ein Stück Brot.

So wie Jesus dafür sorgte, dass die Hochzeitsgäste Wein zu trinken hatten und ihr Fest weiterfeiern konnten, so schenkt uns Gott die Fülle der Gaben (auf Erntealtar verweisen), die wir essen und trinken können, damit unser Leben ein Fest ist.

CARMEN GREMMELSPACHER

Segens-gebet

Guter Gott,
wir sind offen
wie ein Krug.
Fülle du uns mit
deinem Segen,
dass wir in alle Welt
hinausgehen und
einander ein Segen
sein können.

CARMEN GREMMELSBACHER

Wir sind die Kartoffeln

2. Wir sind die Kartoffeln, reisen in den dunklen Keller.
Wir sind die Kartoffeln, kommen auf den hellen Teller.
Hier singen wir Lieder: Erkennst du uns wieder
in den Reibeplätzchen, in den Reibeplätzchen?

3. Wir sind die Kartoffeln, reisen in den dunklen Keller.
Wir sind die Kartoffeln, kommen auf den hellen Teller.
Hier singen wir Lieder: Erkennst du uns wieder
in der Kartoffelsuppe, in der Kartoffelsuppe?

HERKUNFT UNBEKANNT

WEITERE STROPHEN ERFINDEN:

... in den Pellkartoffeln, ... in den Salzkartoffeln, ... in den Kartoffelklößen,
... in den Pommes frites, ... in den Stampfkartoffeln, ... in den Kartoffelchips

Kartoffelfest

Ein Herbstfest mit vielen Aktivitäten rund um die tolle Knolle ist ein Höhepunkt im Kindergarten- oder Schuljahr. Hierzu einige Anregungen:

Spiele:	Kartoffellauf Kartoffelsackhüpfen
Kreativangebote:	Kartoffelzwerge basteln (s. S. 32: Kürbiszwerge) Kartoffeldruck auf Papier oder Stoff (z.B. Baumwolltaschen mit Stoffmalfarben bedrucken)
Kartoffelbüfett:	Kartoffelsalat mit Gurke Kartoffelplätzchen Bunte Kartoffelspieße Backkartoffeln in Alufolie in glühender Grillkohle gegart mit Quark-Schmand-Dip
Abschluss:	Kartoffelfeuer

Kartoffeln pflanzen

Kaum ein Lebensmittel ist so einfach anzupflanzen wie die Kartoffel. Das muss allerdings bereits im Frühjahr geschehen, um im Herbst ernten zu können: Eine oder mehrere keimende Kartoffeln in ein Beet oder einen Pflanzkübel setzen. Daraus wachsen hohe Kartoffelstauden heran, die übrigens schöne Blüten tragen. Im Herbst darf dann gebuddelt werden!

Lob auf die Schöpfung nach Psalm 104

Auf einem runden Baumwolltuch stehen ein Globus
und eine Schale mit Erde.

Ich will dem Herrn singen, solange ich lebe,
und ihn loben, solange ich bin.
Lobe den Herrn, meine Seele,
Herr, mein Gott, du bist so herrlich,
du bist schön und prächtig geschmückt.
Licht ist dein Kleid, das du anhast.

Ein Blumenstock und eine brennende Kerze
werden ins Bodenbild gestellt.

Du lässt Wasser in den Tälern quellen,
dass sie zwischen den Bergen dahinfließen.
Alle Tiere des Feldes trinken und das Wild löscht seinen Durst.

Eine Schale mit Wasser dazustellen.

Du feuchtest die Berge von oben her,
du machst das Land voll Früchte, die du schaffst.

Einen Korb mit Früchten und Gemüse dazustellen.

Du lässt Gras wachsen für das Vieh
und Saat zum Nutzen der Menschen.
So bringst du Brot aus der Erde hervor
und Wein, der das Herz des Menschen erfreut.

Ährenstrauß, ein Brot und eine Flasche Traubensaft ins Bodenbild stellen.

Herr, wie sind deine Werke so groß und viel!
Du hast sie alle weise geordnet, und die Erde ist voll deiner Güter.
Es warten alle auf dich, dass du ihnen Speise gibst zur rechten Zeit.
Lobe den Herrn, meine Seele! Halleluja!
Ich will dem Herrn singen, solange ich lebe,
und ihn loben, solange ich bin.

Manchmal wache ich morgens auf, guter Gott,

und fange an zu singen.
Ich singe vor Freude und ich lobe dich.
Ich habe gute Laune und ich lobe dich.
Das Glück kribbelt bei mir am ganzen Körper. Ich lobe dich.
Ich will hüpfen und tanzen und die ganze Welt umarmen. Ich lobe dich.
Und wenn andere mich komisch anschauen, lache ich ihnen zu und sage:
Freu dich mit mir, das Leben ist schön.
So will ich dich loben zu jeder Zeit,
dein Lob soll immerdar in meinem Munde sein. Amen.

Kürbiszwerge

Das wird gebraucht:

✔ kleine Zierkürbisse in verschiedenen Formen
✔ Zahnstocher
✔ Beeren, Ahornsamen, Kastanienhüllen
✔ Stoffreste
✔ Stecknadeln

So wird es gemacht:

Einen runden und einen birnenförmigen Zierkürbis mit Hilfe von Zahnstochern aufeinanderstecken. Beeren als Augen, Nase und Knöpfe mit Stecknadeln aufstecken. Eine „Fliege" aus Ahornflügeln aufkleben oder einen Schal aus Stoffresten umbinden. Dem kleinen Wichtel zuletzt eine Kastanienhülle als Hut aufsetzen oder einen Papierhut falten.

Tipps:

✔ Mit den kleinen Kürbiszwergen ein Tischtheater aufführen.
✔ Statt der Kürbisse können auch verschieden geformte Kartoffeln verwendet werden.

Kürbis – was für ein Gewächs

Der Kürbis ist ein tolles Gemüse, mit dem man leckere Gerichte zaubern kann: Kürbissuppe, Kürbispommes, sogar Kürbiskuchen. Hast du schon mal einen Riesenkürbis gesehen?

Das Korn wird geerntet

Ben läuft aufgeregt zu seinem Vater. Er ruft: „Hast du Herrn Hinrichs Bescheid gesagt? Kommt er morgen mit dem Mähdrescher zu uns?" Sein Vater meint: „Wir müssen morgen früh aufstehen. Herr Hinrichs wird heute mit seinen Feldern fertig. Morgen um sieben Uhr will er mit dem Mähdrescher an unserem Kornfeld am Wald sein."
Ben geht schon früh ins Bett. Er will doch morgen dabei sein. Am nächsten Tag fährt Ben früh mit seinen Eltern los. Er sitzt stolz neben seinem Vater auf dem Traktor, der den noch leeren Wagen zieht. Am Feldrand wartet schon Herr Hinrichs mit dem Mähdrescher. Herr Hinrichs hat sich im letzten Jahr die teure Maschine gekauft. Nun melden sich alle Bauern bei ihm an. Dann kommt er zu ihren Feldern und mäht und drischt das Getreide. Für seine Arbeit wird er von den Bauern bezahlt.
Nun geht es los. Herr Hinrichs fährt mit der riesigen Maschine auf den Acker: Sie mäht das Getreide und fängt das Korn auf. Aus einem anderen Teil des Mähdreschers kommt nur das Stroh heraus, ordentlich zusammengebunden. Ben und sein Vater brauchen es später nur abzuholen. Schon nach kurzer Zeit ist das große Feld abgemäht und der Wagen ist voller Korn.

ROLF KRENZER (LEICHT ABGEÄNDERT)

Malgeschichte – Das Getreidekorn

Ein Korn liegt in der Erde
Es ist dunkel.
Das Korn ist wie tot.
Hart und geschlossen.
Es braucht viel Zeit, um es zu öffnen.

Doch dann geschieht das Wunder:
Die Sonne erwärmt den Boden.
Der Regen feuchtet ihn an.
Das tote Korn wird verwandelt:
Die Schale bricht auf.
Ein kleiner grüner Halm
wächst hinauf ans Licht.

Der Halm streckt sich
der Sonne entgegen.
Er bekommt kleine Blätter.
Eine Fruchtähre entsteht.

Immer weiter wächst die Ähre.
Sie ist nun gelb und reif.
Die Ähre wird schwer
und neigt sich dem Boden zu.
Das Wunder ist da:
Aus dem toten Korn wird eine Frucht,
die zu Brot und Nahrung wird.

NACH ELSBETH BIHLER

Familiengottesdienst – Die Äpfel sind reif

Begrüßung, Thema / Eröffnung, Kreuzzeichen
Liebe Kinder, liebe Mütter, liebe Väter, liebe Großeltern, wir möchten euch und Sie ganz herzlich begrüßen. In unserem Gottesdienst wollen wir Gott danken. Gott hat alles wachsen lassen: das Korn auf dem Feld, das Obst auf den Bäumen. Wir haben genug zu essen und zu trinken. Dafür sagen wir: Danke, lieber Gott!

Eröffnungslied
Erde, Sonne, Wasser,
kommt, o Gott, von dir,
kommt, o Gott, von dir.
Alles, was wir haben,
Dank sei dir dafür!
(Melodie: Alle meine Entchen)

Eingangswort mit Kerzenritus
Wir feiern Gottesdienst.
Wir denken an Gott. Er hat alles geschaffen.
Wir zünden die erste Kerze an. *(Kerze anzünden)*

Wir feiern Gottesdienst.
Wir denken an Jesus. Er hat den Menschen viel Gutes getan.
Wir zünden die zweite Kerze an. *(Kerze anzünden)*

Wir feiern Gottesdienst.
Wir denken an den Heiligen Geist. Er gibt uns Kraft und Mut.
Wir zünden die dritte Kerze an. *(Kerze anzünden)*

So sind wir hier zusammen im Namen Gottes, des Vaters und des Sohnes und des Heiligen Geistes. Amen. Unsere Hilfe kommt von Gott. Er hat Himmel und Erde gemacht.

DIETER WITT

Gebet

Guter Gott, du hast uns deine Schöpfung anvertraut.
Bäume und Blumen, Tiere und unsere Mitmenschen.
Wir wollen gut mit allem umgehen! Amen.

Katechese

Nun möchte ich euch die Geschichte von Muki und seinem Opa erzählen. Die Geschichte heißt: Der Apfelbaum – ein Wunderbaum.

Muki und Opa gehen spazieren. „Siehst du die dicken roten Äpfel am Baum?“, fragt Opa. „Ein Jahr ist herum mit Herbst, Winter, Frühling und Sommer. Kannst du dir unseren Apfelbaum in allen vier Jahreszeiten vorstellen? Mach einmal die Augen zu. Siehst du, wie er Blüten im Frühling hatte, kleine grüne Äpfel im Sommer und kahle Äste im Winter? Und jetzt im Herbst trägt er die herrlichsten Äpfel.“ – „Ja, Opa, ich sehe es“, sagt Muki. „An unserem Apfelbaum sehe ich alle vier Jahreszeiten zugleich. Er ist ein Wunderbaum. Und ich denke an alle Wunder, von denen du mir erzählt hast.“ – „So ist es gut“, sagt Opa. „Du wirst noch vieles Wunderbares in deinem Leben sehen und nicht blind vorbeigehen. Alle Wunder aber kommen von Gott und Gott ist das größte Wunder.“

Lied

Es war eine Mutter, die hatte vier Kinder,
den Frühling, den Sommer, den Herbst und den Winter.
Der Frühling bringt Blumen, der Sommer den Klee,
der Herbst, der bringt Trauben, der Winter den Schnee.

Sprechspiel: Ein Apfelbaum erzählt

Ich habe euch einen kleinen Apfelbaum mitgebracht, den wir morgen im Kindergarten bzw. auf dem Schulgelände einpflanzen werden. Wir wollen uns nun in einem Spiel ansehen, wie sich unser kleiner Apfelbaum im Laufe eines Jahres verändert.

Es ist Winter. Die Zeit wird mir lang. Mir ist kalt. Der Wind weht die Schneeflocken um meine kahlen Äste.
Kinder tanzen um den Baum als Schneeflocken (weiße T-Shirts).
Lied: Rundherum, ja rundherum, so wollen wir uns drehn,
rundherum, ja rundherum, der Apfeltanz ist schön.

Ich fühle mich wohl. Die ersten Sonnenstrahlen wärmen mich. Es muss wohl Frühling sein! Kleine Knospen sind schon an meinen Ästen zu sehen. Wenn die Sonne noch kräftiger scheint, trage ich bald ein Blütenkleid.
Kinder tanzen um den Baum als Blüten (rosa und gelbe T-Shirts).
Lied: Rundherum ...

Es ist Sommer. Ich bin verstaubt und durstig. Gut, dass es den erfrischenden Sommerregen gibt. Dann trinke ich mich satt und habe Kraft. Aus meinen Blüten werden kleine, grüne Äpfel.
Kinder tanzen um den Baum als kleine Äpfel (hellgrüne T-Shirts).
Lied: Rundherum ...

Heute weht ein kräftiger Wind. Ich spüre, es wird Herbst. Nun sind aus meinen kleinen, grünen Äpfeln dicke, reife Äpfel geworden. Meine Äste biegen sich, weil die Äpfel so schwer sind. Hoffentlich ernten die Menschen mich bald ab, dann kann ich mich ausruhen.
Kinder tanzen um den Baum als rote Äpfel (rote T-Shirts).
Lied: Rundherum ...

Alternativ: Erzählung mit Bildern

Gott hat die Welt erschaffen:
Alles was es gibt.

Bild: Weltkugel mit Sternen

Bild: Apfelkern in der Erde

Gott hat gesagt: Es soll etwas auf der Erde wachsen. Dazu muss Samen in die Erde fallen. Du hast sicher schon einmal einen Apfelkern gesehen. Jeder Apfelkern ist ein Same. Der Apfelkern wird in die Erde gelegt.

Dann soll es regnen.
Und die Sonne soll scheinen.
Und Wind soll wehen.

Bild: Erde mit Samen, Sonne, Regen, Wind

Bild: Same sprießt

Der Same liegt lange in der Erde. Eines Tages geht der Same auf.

Bild: Baum

Ein Keim wächst. Er wird zu einem Halm. Der Halm wird immer größer. Er wird zu einem kleinen Baum. Der Baum bekommt Äste und Blüten.

Eines Tages trägt der Baum Früchte. Äpfel wachsen an dem Baum. Sie werden reif.

Bild: Baum mit Äpfeln

Bild: Äpfel im Korb

Die Früchte werden geerntet und in einem Korb gesammelt.

DIETER WITT

Lied

Du hast uns deine Welt geschenkt: die Sonne, den Regen.
Du hast uns deine Welt geschenkt. Herr, wir danken dir.

Du hast uns deine Welt geschenkt: die Bäume und Blumen.
Du hast uns deine Welt geschenkt. Herr, wir danken dir.

Du hast uns deine Welt geschenkt: die saftigen Äpfel.
Du hast uns deine Welt geschenkt. Herr, wir danken dir.

TEXT: ROLF KRENZER

Fürbitten

1. *Fürbitte:* Guter Gott, wir feiern Erntedank. Wir danken dir für das Obst und Gemüse, das wir ernten durften. Viele Menschen sollen davon satt werden.
2. *Fürbitte:* Wir danken dir für unser tägliches Brot. Es ist kostbar und wichtig. Lass uns achtsam damit umgehen.
3. *Fürbitte:* Wir danken dir dafür, dass wir in unserer Schule gemeinsam lernen dürfen. Wir wollen uns vertragen, damit uns das gut gelingt.
4. *Fürbitte:* Wir danken dir für unsere Eltern und Freunde. Liebe und Freundschaft sind das Wichtigste in unserem Leben. Lass uns immer füreinander da sein.
5. *Fürbitte:* Wir danken dir für deine gute Schöpfung. Wir möchten dafür Verantwortung tragen und sie schützen.

Vaterunser

Das Vaterunser mit Gesten beten.

Schlusslied

Gott ist Vater und mehr, mehr, viel mehr.
Er ist uns Mutter und mehr, mehr, viel mehr.

Schlussgebet / Segen

Guter Gott!
Du schenkst uns Regen, Sonne und Wind.
Wir dürfen Obst und Gemüse ernten.
Alles, was wir haben,
kommt, guter Gott, von dir.
Dank sei dir dafür. Bleibe bei uns jeden Tag.
Lass uns unter deinem Schutz leben und segne uns:
im Namen des Vaters und des Sohnes und des Heiligen Geistes.
Amen.

Mitnehmsel

Wenn du jetzt nach Hause gehst, darfst du dir einen leckeren Apfel aus dem Korb mitnehmen. Wenn du ihn isst, dann schau dir genau die Kerne an. Das sind die Samen, aus denen ein Apfelbaum wachsen kann.

Wir denken an die Hungernden

Am Erntedanktag denken wir auch an die Menschen, denen es nicht so gut geht wie uns. Besonders denken wir an die, die nicht genug zu essen und zu trinken haben. Wir überlegen gemeinsam in der Familie, wie wir ihnen helfen können.

Manchmal werden die Gaben, mit denen der Erntedankaltar geschmückt ist, verschenkt. Obst und Gemüse, Brot und Gurken, Milch und Honig gehen an Menschen in Not, damit sie sich satt essen können (z. B. Tafeln für Obdachlose). Es wird auch Geld gesammelt, um damit armen und Not leidenden Menschen zu helfen.

Brot für die Welt

Die evangelischen Christen sammeln am Erntedanksonntag Spenden für die Aktion „Brot für die Welt“. Mit dem Geld werden viele Hilfsprojekte in armen Ländern unterstützt. Darüber hinaus macht die Aktion auch auf Missstände in unserem Land aufmerksam, beispielsweise die große Lebensmittelverschwendung.

Tiere im Herbst

Zugvögel und Standvögel

Woran erkennen wir bestimmt, dass es Herbst ist und bald Winter wird? Richtig: Die Zugvögel sammeln sich und fliegen in großen Schwärmen nach Afrika oder in den Mittelmeerraum. Der Grund, weshalb Zugvögel die weite, kräftezehrende Flugstrecke auf sich nehmen, ist der Nahrungsmangel im Winter. Für die Insektenfresser in unseren Breiten wird im Winter das Futter knapp, denn Insekten verstecken sich an geschützten Stellen zum Überwintern. Zugvögel sind der Star, die Schwalbe oder der Storch.

Die Vögel, die den Winter über „zu Hause" bleiben, werden Standvögel genannt. Dazu gehören der Sperling, die Amsel, das Rotkehlchen, die Blau- und die Kohlmeise. Bei Schnee und Frost freuen sie sich über ein Futterhäuschen im Garten oder auf dem Balkon. Bei der Auswahl des Futters sollte darauf geachtet werden, dass für jeden Geschmack etwas dabei ist.

Wir unterscheiden dabei zwischen den „Weichfressern" und den „Körnerfressern". Die Weichfutterfresser sind Vögel mit einem langen, schlanken Schnabel, z. B. die Amsel oder die Drossel. Sie bevorzugen Haferflocken, getrocknete Beeren (Rosinen) oder Apfelstücke. Körnerfresser sind Sperlinge (Spatzen) und Meisen. Sie haben einen kurzen, dicken Schnabel und mögen Sonnenblumenkerne und Hirsesamen. Die Futterplätze müssen sehr sauber gehalten werden, sonst können sich Krankheiten verbreiten. Der Ort für die Futterstelle sollte so gewählt sein, dass sich Katzen nicht unbemerkt anschleichen können.

Vorräte für das Vogelhäuschen

Wer im Winter die Vögel mit besonderen Leckereien verwöhnen möchte, kann dazu im Herbst schon Vorbereitungen treffen. Ein Futterhäuschen lässt sich bestens bestücken mit gesammelten Wildbeeren und Wildfrüchten aus Garten und Wald. Besonders gut eignen sich Bucheckern, Sonnenblumenkerne, Holunderbeeren, Hagebutten, Beeren vom Weißdorn und Sanddorn sowie die Früchte der Eberesche. Die schmecken den Vögeln so gut, dass die Eberesche sogar Vogelbeere genannt wird. Die Früchte mehrere Stunden bei schwacher Hitze im Backofen trocknen. Dann in Papiertüten aufbewahren und beim ersten Frost ausstreuen. Unsere gefiederten Freunde freuen sich.

Igelhotel

Der Igel benötigt im Winter einen Platz im Garten, um die kalte Jahreszeit sicher verschlafen zu können. Leider sehen heute viele Gärten aus wie ein staubgesaugtes Wohnzimmer: Kein Blättchen und kein Zweig ist mehr zu finden, woraus sich der Igel eine kuschelige Schlafhöhle bauen könnte. Dabei lässt sich mit wenig Aufwand ein Igelhotel einrichten: Aus Gesträuch einen Haufen in einer geschützten Ecke aufschichten. Ein Stück feste Folie (Teichfolie oder Plane) wie eine Kuppel zwischen die Äste legen und gut abdecken. Darunter entsteht ein wettergeschützter Hohlraum. Den Boden des Quartiers mit Laub und kleinen Zweigen auslegen. Im Spätherbst kann der stachelige Bewohner einziehen.

Welches Tier ist das?

Blitzschnell kopfüber
den Baum hinauf,
blitzschnell kopfunter
hinunter.
Am Baumstamm dort der braune Schwanz!
Wenn du ihn siehst,
dann weißt du genau,
zu wem er gehört,
welches Tier das ist.

DAS EICHHÖRNCHEN

Der Igel Ingemar

Der Igel Ingemar ist noch ein Igelkind. Im Sommer ist er geboren. Er ist nun ein halbes Jahr alt. Zusammen mit vier Geschwistern wohnt er unter einem dichten Busch. Tagsüber rollt er sich ein, schläft und versteckt sich. Abends kommt er heraus und sucht etwas zu fressen.
Der Igel Ingemar findet, dass es jeden Tag schöner wird auf der Welt. Vor seinem Busch wächst nämlich ein großer Baum. Und dieser Baum wirft dem Igelkind jetzt die besten Leckerbissen gerade vor die Füße: süße, rote Äpfel. Ingemar braucht nicht lange zu suchen. Er braucht nur zu essen. Das ist auch gut so, denn Ingemar hat jeden Tag mehr Hunger. Am Anfang reichte ihm noch ein Apfel, damit er satt wurde. Inzwischen braucht er vier Äpfel am Tag.
Ingemar schaut zum Baum hinauf. Er will wissen, wie viele Äpfel noch oben hängen. Da fällt ihm auf, dass der Baum anders aussieht. Die Blätter sind nicht mehr grün, sondern gelb oder rot. Und jeden Tag fallen Blätter herunter. Ingemar erschrickt: „Was hat der Baum? Ist der Baum krank? Hat der Baum Durst und braucht Wasser? Warum fallen die Blätter ab?"

Danke, Gott

für die schönen Herbstblätter und dass die Igel darin Schutz finden.
Danke, dass du genug wachsen lässt für Menschen und für Tiere.

SUSANNE JASCH

Ingemar geht zur Igelmama. Die erklärt ihm: „Weißt du, Ingemar, das ist so: der Baum hat ein anstrengendes Jahr hinter sich. Er hat so viele Äpfel bekommen. Jetzt macht er sich fertig für die kalte Jahreszeit. Im Winter ruht er sich aus. Er ist nun müde. Deshalb werden seine Blätter gelb, fallen ab und er darf schlafen."
„Ich bin auch müde", gähnt Ingemar. „Das ist ganz normal", sagt die Mutter. „Wir Igel machen uns jetzt auch bereit für den kalten Winter. Dann werden wir ausruhen und auch schlafen. Zuerst aber müssen wir dick und kugelrund werden, sonst können wir nicht so gut ruhen." – „Deshalb habe ich so riesigen Hunger!", ruft Ingemar. „Ja, iss nur so viele Äpfel, wie du kannst", rät die Mutter. „Und wenn dann der Schlaf kommt, dann musst du dir in den heruntergefallenen Blättern ein Bett machen und dich einkuscheln. Den ganzen Winter bleibt es dann um dich schön warm, auch wenn draußen der Wind pfeift und der Schnee fällt. Komm, wir üben, wie man ein Kuschelbett macht." Ingemar und seine Mutter schieben viele Blätter zusammen, dann kuscheln sie sich ins weiche Nestchen. „Toll ist das!", ruft Ingemar. „Danke, Apfelbaum, danke für alles."

SUSANNE JASCH

Ein Wald voller Wunder

Es ist Herbst geworden. Die Tage werden allmählich kürzer und die Nächte länger. Paul ist mit seiner Tante Britta im Wald unterwegs. „Der Wald steckt voller Wunder“, sagt sie mit geheimnisvoller Stimme. „Vielleicht entdecken wir heute einige davon.“ Paul ist neugierig, was seine Tante damit meint, und hält Augen und Ohren offen. „Sieh nur, wie wunderschön die Blätter sind!“, sagt Britta. „Sie leuchten in allen Farben – als hätte ein Maler sie bunt gemacht.“ Paul schaut ganz genau hin. „Und sieh mal hier“, sagt er dann und zeigt auf ein großes Spinnennetz zwischen den Grashalmen. „Da sind ganz viele Wassertropfen dran.“ „Das sind Tautropfen. Siehst du, wie schön sie im Sonnenlicht funkeln? Wie kleine Glitzersteine.“ Die zwei betrachten das Spinnennetz eine ganze Weile und staunen.

Überall im Wald können die beiden Schönes sehen: grünes Moos, Pilze, Tannenzapfen, Farne und Gräser und vieles mehr. Da, plötzlich ... ein Knacken und Rascheln. „Hörst du das?“, flüstert Paul. Britta nickt und die zwei stehen ganz still und lauschen. „Das Rascheln kommt von der kleinen Amsel dort“, weiß Paul. Tock, tock, tock ... Britta legt den Finger auf ihre Lippen und zeigt dann zu einer großen Tanne hinauf. „Ein Specht“, flüstert Paul. Ja, hoch oben im Baum sitzt ein Specht und klopft mit seinem Schnabel fest gegen den Stamm. Britta sagt: „Er sucht nach Käfern, die sich im Holz versteckt haben.“

Da fällt etwas vor den beiden ins Moos. „Eine Kastanie“, sagt Britta und nimmt sie in die Hand. „Fühl mal, wie glatt sie ist.“ Ganz vorsichtig nimmt Paul die Kastanie in die Hand. „Stimmt. Ich will aber auch mal ihre Stachelhülle anfassen“, sagt er und hebt die grüne Schale auf. „Aua, die piekt!“, ruft er und lässt sie auf den Boden fallen. „Aber das Moos ist weich. Das piekt nicht“, sagt er dann und schmunzelt. „Tante Britta, riechst du das auch?“, will er dann wissen. Die schnuppert und

nickt: „Lass uns nachschauen, was das ist.“ Die beiden gehen weiter und erreichen bald eine helle Lichtung, auf der ein großer Baum steht. Unzählige Äpfel wachsen an seinen Ästen und leuchten schon von Weitem. „Hmmm, es sind die Äpfel, die so lecker riechen“, sagt Paul. „Was hältst du davon, wenn wir herausfinden, ob sie auch so lecker schmecken?“, fragt Britta. „Oh ja!“, ruft Paul und Britta pflückt zwei grüne Äpfel. Die beiden beißen hinein. „Hmmmm, die schmecken aber lecker! Süß und saftig und knackig. Findest du nicht auch, Paul?“, fragt Britta. „Ja“, antwortet er kauend. „Sehr lecker!“
„Ist es nicht toll, welche Wunder es im Wald zu entdecken gibt? Es ist unglaublich, wie schön Gott unsere Welt gemacht hat! Überall gibt es etwas zu sehen, zu hören, zu fühlen, zu riechen und zu schmecken. Man kann nur darüber staunen!“, sagt Britta begeistert und beißt erneut in ihren Apfel. „Stimmt!“, antwortet Paul.
Die beiden sind schon auf dem Heimweg, als Paul etwas im Gebüsch entdeckt. „Nanu? Was ist das denn?“, wundert er sich und zieht eine leere Flasche heraus. „Die gehört aber nicht in den Wald!“ Paul schüttelt den Kopf. „Da hast du recht. Weißt du, Gott hat uns diese wunderschöne Welt geschenkt und wir sollten immer gut darauf aufpassen und sie schützen“, sagt Britta. „... und keine Flaschen herumliegen lassen“, weiß Paul. „Die Tiere können sich daran verletzen. Und aus diesem Grund nehmen wir sie jetzt mit nach Hause und werfen sie dort in den Müll!“
„Das ist eine sehr gute Idee“, sagt Britta. „Die Menschen müssen wohl noch lernen, dass sie gut mit der Natur umgehen, sie schützen und sauber halten müssen, damit wir uns noch lange Zeit daran erfreuen können. Und ich hoffe sehr, dass sie das schaffen!“

EVA DANNER

Tast- und Suchspiel

Das wird gebraucht:
ein stabiler Karton, Styroporchips (Verpackungsmaterial), verschiedene Naturmaterialen, z. B. Kastanien, Eicheln, Bucheckern, Nüsse, Hagebutten, kleine Tannenzapfen, Kirschkerne und Pflaumenkerne

So wird es gemacht:
Den Karton mit Styroporchips füllen und dazwischen die Naturmaterialien verstecken. Ein Kind schließt die Augen. Dann sucht es in dem Karton nach einem „Eichhörnchenvorrat". Noch mit geschlossenen Augen betastet es das Teil und benennt es. Sollte es nicht sofort klappen, helfen die anderen und geben Tipps. Der Nächste ist dran.

Tipp: Etwas schwieriger und für größere Kinder geeignet: Mit geschlossenen Augen zwei gleiche Teile finden.

Frederick

Einleitung

Viele heimische Tiere halten keinen Winterschlaf. Sie müssen im Herbst Futtervorräte anlegen, um die kalte Jahreszeit überstehen zu können. Auch die Feldmaus bereitet sich auf den Winter vor, davon erzählt das Bilderbuch „Frederick“ von Leo Lionni.

Erzählidee

Eine Feldmausfamilie sammelt fleißig Körner, Nüsse und Beeren und bringt sie in ihr Winterversteck. Alle arbeiten Tag und Nacht – bis auf die Maus Frederick. Sie blinzelt in die Sonne, schaut auf die Wiese oder döst vor sich hin. „Träumst du, Frederick?“, fragen die anderen. Doch Frederick träumt nicht, er sammelt ganz besondere Vorräte: Sonnenstrahlen, Farben und Wörter.

Dann kommt der Winter und Familie Maus zieht sich in ihr Versteck zurück. Alle leben herrlich und vergnügt – bis die Körner, Nüsse und Beeren aufgeknabbert sind. Nun wird es kalt und still. Da erinnern sich die Mäuse an Fredericks Vorräte und Frederick beginnt zu erzählen: von den Sonnenstrahlen, die warm und golden sind; von den Farben, die die grauen Wintertage bunt machen; von den Wörtern, die uns Lebenskraft und Freude schenken.

Anregung

- ✔ Das Bilderbuch betrachten und die verschiedenen Vorräte der Mäuse aufzählen.
- ✔ Überlegen, welche Dinge für uns (lebens-) wichtig sind: Essen, Kleidung, eine Wohnung, Kindergarten und Schule (um zu lernen), ein Beruf (um Geld zu verdienen).
- ✔ Überlegen, welche Dinge das Leben lebenswert machen: Sonne und Wärme, bunte Blumen, blauer Himmel, grüne Bäume, freundliche Worte, Lieder, Geschichten, gemeinsame Spiele, Fröhlichkeit.

Die Geschichte nachspielen

- ✔ Feldmäuse aus grauem Tonkarton ausprickeln und ausgestalten (Ohren, Schwänzchen, Augen). Auf der Rückseite einen großen Legostein mit Doppelklebeband anbringen. So bleiben die Mäuschen stehen oder können bewegt werden.
- ✔ Vorräte der fleißigen Mäusefamilie zusammentragen: Maiskörner, Beeren, Getreide, Nüsse
- ✔ Ein weißes Tuch ausbreiten: Der Winter ist da. Die essbaren Vorräte langsam wegnehmen.
- ✔ Fredericks Vorräte zusammentragen und auf das weiße Tuch legen:
  - Sonnenstrahlen (aus gelbem Tonpapier)
  - Farben (bunte Tücher oder Kreise aus buntem Tonpapier)
  - Wörter (kleine Schilder mit Wörtern aus Zeitungen)

Feste und besondere Tage im Herbst

Michaelistag und Schutzengelfest

Am 29. September feiern die evangelischen Christen Michaelis (Tag der Engel), am 2. Oktober feiert die katholische Kirche das Schutzengelfest. Es erinnert an Gottes Helfer, die uns behüten und begleiten.
Viele Menschen vertrauen darauf, dass sie einen ganz persönlichen Engel haben, der sie ein Leben lang begleitet und beschützt – einen Schutzengel.
Auch in der Bibel lesen wir Geschichten von Engeln, die den Menschen helfen: Ein Engel beschützt die Israeliten auf ihrer Flucht aus Ägypten, ein Engel gibt dem Propheten Elias zu essen, ein Engel begleitet Tobias auf einer gefährlichen Reise, ein Engel hilft Daniel in der Löwengrube, ein Engel befreit Petrus aus dem Gefängnis. All diese Engel hat Gott geschickt, um Gutes für die Menschen zu tun.

Schutzengel in Aktion

Gibt es heute auch noch Engel?
Vielleicht hast du das schon mal erlebt:

Zwei Mädchen spielen im Vorgarten mit
dem Ball.
Auf einmal rollt der Ball auf die Straße.
Ohne aufzupassen, rennt ein Mädchen
dem Ball hinterher.
Gott sei Dank – das Auto, das gerade
vorbeifährt, bremst rechtzeitig.
Und dem Mädchen passiert nichts.

Tom hat es besonders eilig, den Supermarkt zu verlassen.
Trotzdem begrüßt er noch schnell einen Freund, den er gerade trifft.
In diesem Moment fällt draußen ein Dachziegel herunter.
Er hätte Tom verletzt, wäre er nur eine Sekunde
eher wieder auf der Straße gewesen.

Sind das Zufälle?
Manchmal sagen wir:
Du hast einen guten Schutzengel!

FRANZ MENKE

Unsichtbarer Engel

Ein weißes Tonpapier in DIN A4 für jedes Kind wird so vorbereitet: Mit weißer, nicht (!) wasserlöslicher Wachskreide wird die Engelgestalt auf das Tonpapier gezeichnet. Die Kinder erhalten das scheinbar leere Blatt mit der Bitte, mit kräftigen Wasserfarben darüberzupinseln. Zum Erstaunen erscheint ein Engel! Wer möchte, kann zudem noch hinzuschreiben: Ein Engel für dich!

Reformationstag

Am 31. Oktober feiern die evangelischen Christen das Fest der Reformation. Das Wort bedeutet: Erneuerung. Sie erinnern sich dann an das Leben und Wirken von Martin Luther. Luther lebte als Mönch in einem Kloster und unterrichtete an der Universität. Er predigte gegen Missstände in der Kirche und absurde Vorstellungen. Die Menschen glaubten tatsächlich, sie könnten sich mit dem Erwerb eines sogenannten Ablasspapiers von ihren Sünden loskaufen. Doch Luther wusste aus der Bibel: Gott schenkt den Menschen seine Gnade und sein Erbarmen, wenn sie glauben und vertrauen. Seine Meinung schrieb er im Jahre 1517 in 95 Thesen (Sätzen) auf und heftete sie an die Tür der Schlosskirche von Wittenberg. Das führte zum Streit mit Bischöfen, dem Papst und dem Kaiser. Luther wurde aus der katholischen Kirche ausgeschlossen und sogar verfolgt. Er versteckte sich auf der Wartburg und übersetzte dort als Erster die Bibel in die deutsche Sprache, denn die Menschen sollten das Wort Gottes lesen und verstehen können. Später entwickelte sich aus Luthers Forderungen die evangelische Kirche.

Gott

ich komme zu dir voll Vertrauen in deine Liebe zu mir.
Ich komme zu dir mit der Hoffnung, dass du mich annimmst, so wie ich bin.
Danke, dass ich zu dir kommen darf und du mich hörst. Amen.

PETER HITZELBERGER

Allerheiligen

Am 1. November feiern katholische Christen ein Fest zu Ehren aller Heiligen und genauso heißt dieser Tag auch: Allerheiligen. Heilige sind Menschen, die ihr Leben ganz besonders für Gott und andere Menschen einsetzen.

- ✔ Lucia versorgte Menschen, die wegen ihres Glaubens an Christus verfolgt wurden.
- ✔ Sankt Martin teilte seinen Mantel mit einem Bettler und tat viel Gutes für die Armen.
- ✔ Elisabeth von Thüringen pflegte Kranke.
- ✔ Franz von Assisi verzichtete auf Reichtum und lebte mit seinen Gefährten in Armut; er war ein ganz besonderer Freund der Tiere.
- ✔ Hildegard von Bingen verstand es, aus Kräutern Medizin zu bereiten und damit Krankheiten zu heilen.
- ✔ Don Bosco kümmerte sich um Straßenkinder und gab ihnen ein Zuhause.

Mit ihrem Beispiel zeigen uns die Heiligen, wie wir mit unserem eigenen Tun und Handeln die Welt ein bisschen schöner machen können.

IDEE

Verschiedene Heiligengeschichten vorlesen oder lesen. Gemeinsam überlegen, was wir tun können, um Menschen und Tieren zu helfen.

Allerseelen und Totensonntag

Am 2. November feiern die katholischen Christen Allerseelen und denken an diesem Tag an alle Verstorbenen. Die evangelischen Christen feiern diesen Erinnerungstag am letzten Sonntag im November, der Tag heißt Totensonntag oder Ewigkeitssonntag.

Jedes Leben geht einmal zu Ende. Das Herz eines Menschen hört auf zu schlagen. Er ist tot. Doch wir wissen: Jesus ist am Ostermorgen von den Toten auferstanden. Er ist bei Gott und auch wir dürfen hoffen, nach unserem Tod einmal bei Gott zu wohnen. Das hat Jesus so zu seinen Freunden gesagt: „Im Haus meines Vaters gibt es viele Wohnungen. Ich gehe voraus, um einen Platz für euch vorzubereiten“ (vgl. Johannes 14,2). Darauf vertrauen wir. Gott schenkt allen Verstorbenen ein neues Zuhause, wo sie glücklich und froh sind.

Das können wir gemeinsam tun:

- ✔ An Allerseelen bzw. am letzten Sonntag im November oder bereits am Tag zuvor gehen wir mit unseren Familien auf den Friedhof.
- ✔ Wir schmücken die Gräber unserer Verstorbenen mit Blumen und Gestecken. Das zeigt, dass wir sie nicht vergessen haben.

- ✔ Wir stellen Kerzen oder kleine Laternen auf. Der katholische Priester besprengt die Gräber mit Weihwasser. Licht und Wasser sind Zeichen für ein neues Leben bei Gott.

In lieber Erinnerung

Das wird gebraucht:

- ✔ dünne Baumscheiben (ggf. in einer Schreinerei sägen lassen)
- ✔ Körbe/Schüsseln mit Naturmaterialien (Hagebuttenzweige, Tannenzweige, Eicheln, Kiefern- und Tannenzapfen, Kastanien, leere Schneckenhäuser, Muscheln, Trockenblumen)
- ✔ Fimo oder Knetmasse
- ✔ wasserfester dicker Stift

So wird es gemacht:

Jedes Kind sucht sich einige Naturmaterialien aus. Fimo oder Knetmasse auf die Baumscheibe drücken und die Naturmaterialien darauf befestigen. So entsteht ein schönes Gesteck. Wenn die Kinder ihr Gesteck zum Grab eines Verstorbenen bringen möchten, dessen Namen sie kennen, können sie den auch auf die Holzscheibe schreiben.

NACH EINER IDEE VON SABINE DIETRICH UND BARBARA WENDLER

Guter Gott

wir sind traurig, weil … (Oma, Opa, Name) nicht mehr bei uns ist. Wir vermissen sie/ihn. Gerne denken wir an die Zeit miteinander, an … (besonderes Ereignis oder Erlebnis erzählen). Wir wissen, dass … (Name) nun bei dir ist. Das schenkt uns Trost. Bei dir geht es … (Name) gut. Amen.

Sankt Martin

Den Namenstag des heiligen Martin, Bischof von Tours, feiern wir am 11. November. Begeistert nehmen Große und Kleine – aller Konfessionen und Religionen (!) – an den bunten Laternenumzügen teil und feiern den Mann, der seinen Mantel mit dem armen Bettler teilte. Martin brachte mit seiner guten Tat Licht in unser Leben und verweist damit auf Jesus Christus, der das „Licht der Welt" ist. Darum lassen wir am Martinstag die Lichter in unseren Laternen erstrahlen.

Sprechspiel – Martin teilt den Mantel

Sprecher 1: Ein Mann reitet durch die Dunkelheit auf einem prächtigen Pferd.

Sprecher 2: Auf seinem Kopf trägt er einen Helm. Er hat ein großes Schwert bei sich, denn er ist ein Offizier des Kaisers von Rom.

Sprecher 3: Es ist kalt, bitterkalt. Darum ist der Mann in einen warmen roten Mantel eingehüllt. Der Mann heißt Martin.

Sprecher 4: Er reitet auf das Stadttor von Amiens zu. Martin hat es sehr eilig.

Sprecher 5: Plötzlich hört er in der Dunkelheit ein leises Wimmern.

Sprecher 6: Martin hält sein Pferd an. Was ist das für ein seltsames Geräusch? „Ist da jemand?“, ruft er.

Sprecher 7: Im Straßengraben kauert eine Gestalt. Martin steigt vom Pferd.

Sprecher 8: Deutlich kann er nur das Weinen eines Mannes hören. Es ist ein Bettler, Kleiderfetzen / Lumpen hängen an seinem Körper.

Sprecher 9: „So helft mir doch!“, ruft der Bettler. „Ich friere ganz schrecklich.“

Sprecher 10: Martin überlegt nicht lange. Er nimmt sein Schwert und teilt damit seinen roten Mantel.

Sprecher 11: Mit einer Hälfte umhüllt er den Bettler, die andere hängt er sich selbst um die Schulter. Dann reitet er eilig weiter.

Sprecher 12: Müde sinkt Martin abends in den Schlaf und beginnt zu träumen: Martin sieht den Bettler vor sich. Sein Gesicht ist aber nicht mehr traurig.

Sprecher 13: Martin meint, in dem Bettler Jesus zu erkennen, von dem er schon so viel gehört hat.

Sprecher 14: Martin hört eine Stimme: „Was du dem Geringsten meiner Brüder getan hast, das hast du mir getan.“

Sprecher 15: Martin erwacht aus seinem Traum. Er beschließt, sein Leben zu ändern!

Sprecher 16: Er legt sein Schwert und seine Rüstung ab. Martin lässt sich taufen und möchte sein Leben als Christ weiterführen.

NACH EINER IDEE VON RENATE STEINER

Lichter teilen

2. Mantel teilen, Brote teilen, ja, das wollen wir,
und auch unsre Lichter teilen, darum sind wir hier.

TEXT UND MUSIK: RENATE STEINER

Elisabeth von Thüringen

Den Namenstag der heiligen Elisabeth feiern wir am 19. November. Elisabeth war eine junge ungarische Prinzessin, die nach Thüringen kam und mit dem Grafen Ludwig verheiratet wurde, Er liebte seine schöne junge Frau sehr, konnte aber nicht verstehen, warum sie sich mit all ihren Kräften um Arme und Kranke kümmerte.

Als eine große Hungersnot über das Land kam, ließ Elisabeth alle Vorräte, die auf der Wartburg waren, an die Armen verteilen. Sie selbst ging in die Dörfer hinunter und verschenkte alles, was sie hatte. Als Elisabeth wieder einmal mit einem Korb auf dem Weg zum Dorf war, begegnete sie ihrem Mann. Der ärgerte sich sehr, als er sah, dass Elisabeth schon wieder die Vorräte aus der Burg zu den armen Leuten schleppte.

Zornig schrie er sie an: „ Was trägst du in deinem Korb?“ Da lächelte Elisabeth und nahm behutsam die Decke von ihrem Korb herunter. Und mit Staunen sah der Graf, dass der Korb bis obenhin voller herrlicher roter Rosen war. Elisabeth war ebenso erstaunt. Sie hatte den Korb in der Burg bis zum Rand mit Broten vollgepackt.

Nun erfuhren beide, dass hier ein Wunder geschehen war und Graf Ludwig erkannte, dass Gott selbst Elisabeth beschützte. Ludwig versprach, niemals wieder etwas einzuwenden, wenn Elisabeth die Armen mit den Vorräten aus der Wartburg beschenkte.

ROLF KRENZER

Quellenverzeichnis

Texte und Lieder: S. 6: Kastanien in den Korb (leicht geändert), aus: Renate und Franz Steiner, Zauberhafte Herbstzeit, © 2005 Lahn-Verlag in der Butzon & Bercker GmbH, Kevelaer, www.lahn-verlag.de, S. 85; S. 10: Der Baum, aus: Elsbeth Bihler, Mit Kindern Erntedank feiern, © 2006 Lahn-Verlag in der Butzon & Bercker GmbH, Kevelaer, www.lahn-verlag.de; S. 18 f.: Der Drachenbrief, © Rolf Krenzer Erben, Dillenburg; S. 22: aus: Kommt alle seid froh, 1982, alle Rechte im Peter Janssens Musik Verlag, Telgte-Westfalen; S. 23: Gebet, aus: Alma Grüßhaber (Hrsg.), Zeig mir, wo der Himmel ist, Verlag Junge Gemeinde, Leinfelden-Echterdingen 2004; S. 24 ff: Die Hochzeit zu Kana, aus: Alma Grüßhaber (Hrsg.), a. a. O. S. 84ff; S. 27: Segensgebet, aus: Alma Grüßhaber (Hrsg.), a. a. O., S. 86; S. 29: aus: Robert Haas, Rolf Krezer, Georg Schwikart, Unser Jahr ist kunterbunt. Lieder, Reime, Spiele und Geschichten, © 2014 Lahn-Verlag in der Butzon & Bercker GmbH, Kevelaer, www.bube.de; S. 30 f.: © Verlag Junge Gemeinde; S. 33: © Rolf Krenzer Erben, Dillenburg; S. 34: Das Getreidekorn (leicht geändert), aus: Elsbeth Bihler, Kommt, seht und feiert. Der Erstkommunionkurs, Vorbereitungsbuch für Kinder, © 2010 Lahn-Verlag in der Butzon & Bercker GmbH, Kevelaer, www.lahn-verlag.de; S. 35 ff.: Erzählung mit Bildern, aus: Dieter Witt, Heraus aus dem Schneckenhaus, 24 fantasievolle Krabbelgottesdienste, Verlag Junge Gemeinde, Leinfelden-Echterdingen 2013, S. 134ff; S. 40: © Rolf Krenzer Erben, Dillenburg; S. 46: Gebet, aus: Alma Grüßhaber, Komm in Gottes Schöpfungsgarten, Verlag Junge Gemeinde, Leinfelden-Echterdingen 2001, S. 106; S. 46 f: Der Igel Ingemar, aus: Alma Grüßhaber, Komm in Gottes Schöpfungsgarten, a. a. O., S. 105; S. 48 f.: aus: Eva Danner, 2-3-5 Minuten Geschichten von Gott und der Welt, © 2024 Butzon & Bercker GmbH, Kevelaer, www.bube.de (Text gekürzt); S. 50: Tast- und Suchspiel, aus: Ilse Jüntschke, Gott hat uns seine Welt geschenkt. Mit Kindern die Wunder der Schöpfung entdecken, Verlag Junge Gemeinde, Leinfelden-Echterdingen 2011, S. 94; S. 54: Schutzengel in Aktion (leicht geändert), aus: Reinhard Abeln und Franz Menke, Mein Buch von den Engeln, © 2007 Butzon & Bercker GmbH, Kevelaer, S. 52; S. 55: Unsichtbarer Engel, aus: Andrea Braner, Christina Christ (Hg.), Auf Schwingen getragen und frei, Verlag Junge Gemeinde, Leinfelden-Echterdingen 2010, S. 39; S. 59: In lieber Erinnerung, aus: Andrea Braner, Christina Christ (Hg.), a. a. O., S. 44; S. 60 ff: Martin teilt den Mantel (leicht geändert), aus: Renate und Franz Steiner, a. a. O., S. 104f; S. 63: Elisabeth von Thüringen, © Rolf Krenzer Erben, Dillenburg.
Leider war es nicht in allen Fällen möglich, den Rechtsinhaber ausfindig zu machen. Entsprechende Hinweise nehmen die Verlage entgegen. Rechtsansprüche bleiben gewahrt.

Fotos und Illustrationen: Cover, S. 1, 2, 3, 5, 6, 7, 20, 24, 31, 32, 39, 42: © Aloksa, YG Studio, bramgino – stock.adobe.com; S. 6, 12: © freepik.com; S. 9, 50: © yuki_acaraje – stock.adobe.com; S. 10: © neliakott – stock.adobe.com; S. 11: © Tartila – stock.adobe.com; S. 13: © Tomsicova – stockadobe.com; S. 14,15, 16: © Happypictures – stock.adobe.com; S. 17, 58: © makrovector – freepik.com; S. 18,19: © jakkapan – stock.adobe.com; S. 19: © studiogstock – freepik.com; S. 21: © Patrick Poendel – stock.adobe.com; S. 23, 41: © Sunnydream – stock.adobe.com; S. 25,26, 38, 39: Dorothea Layer-Stahl, Winnenden; S. 27, 52, 53, 54, 61: Sigrid Leberer; S. 28, 29: © setory – stock.adobe.com; S. 31: © mayillustration – stock.adobe.com; S. 33: © Dar1930 – stock.adobe.com; S. 34: © JuliaBliznyakova – stock.adobe.com; S. 43: © gunayaliyeva – stock.adobe.com; S. 44: © Alexander Erdbeer – stock.adobe.com; S. 45: © Julia Shamayaeva – stock.adobe.com; S. 47: © Наталья Трубочнова – stock.adobe.com; S. 49: © miko – stock.adobe.com; S. 51: © CreativeNature – depositphotos.com; S. 56: © nhermann – stockadobe.com; S. 57: © Оксана К. – stock.adobe.com; S. 90: aus: Andrea Braner, Christina Christ (Hg.) a. a. O.; S. 60: © cottidie – stock.adobe.com; S. 63: © Nikole – stock.adobe.com

Bibliografische Information der Deutschen Nationalbibliothek
Die Deutsche Nationalbibliothek verzeichnet diese Publikation in der Deutschen Nationalbibliografie; detaillierte bibliografische Daten sind im Internet über http://dnb.d-nb.de abrufbar.

Das Gesamtprogramm von Butzon & Bercker finden Sie im Internet unter **www.bube.de**

MIX
Papier | Fördert gute Waldnutzung
FSC® C068125

ISBN 978-3-7840-3633-5 (Lahn-Verlag)
ISBN 978-3-7797-2180-2 (Verlag Junge Gemeinde)

2. Auflage 2025

www.lahn-verlag.de | E-Mail: service@bube.de

Umschlaggestaltung: Tanja Manden, Kevelaer
Satz: serfling.media, Leipzig